DELIUS KLASING

COOK & GRAVEL

50 REZEPTE FÜR CAMPINGKOCHER UND LAGERFEUER

HENRIK ORRE
FOTOGRAFIE: PATRIK ENGSTRÖM
AUS DEM ENGLISCHEN VON GERRIT J. TEN BLOEMENDAL

DELIUS KLASING VERLAG

velochef
PRIMUS

INHALT

EINFACHES ESSEN, DAS INSPIRIERT

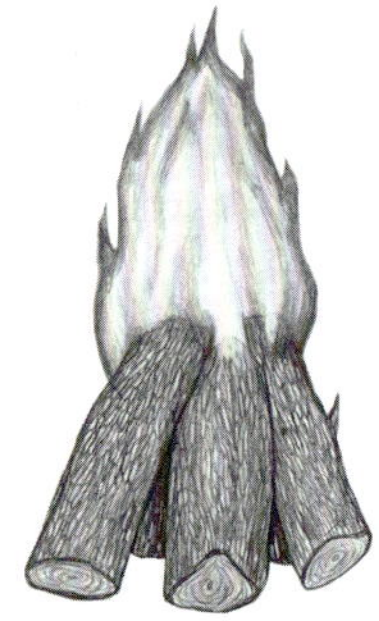

Die Idee für dieses Buch entstand während der abschließenden Arbeiten für mein zweites Kochbuch, *Vélochef in Europe*. Nachdem ich jahrelang Essen für einige der besten Radprofis der Welt zubereitet hatte, suchte ich eine neue Herausforderung. Ich wollte weg vom Straßenradsport und von seiner auf Training und Hochleistung ausgerichteten Ernährung.

Und so fuhr ich im Sommer 2017 mit einigen guten Freunden in das Land, in dem ich geboren wurde und aufgewachsen bin: Norwegen. Das Dorf Eresfjord im Südwesten, eine Autostunde von Molde entfernt, war eine Woche lang unser Basislager. Dort begannen wir unsere Touren und bereiteten das Essen zu.

Eresfjord liegt, eingebettet zwischen hohen Gipfeln, am Ende eines Tals zwischen einem Fjord, dem es seinen Namen verdankt, und einem großen See. Die steilen Hänge sind durchzogen von schmalen, kurvenreichen Straßen, die ideal zum Radfahren sind. Steil und anspruchsvoll sind sie allerdings schon! Doch auf den Gipfeln angekommen weiß man, dass sich die Schinderei gelohnt hat: die Aussicht, die Berge und die unberührte Natur – einfach unfassbar schön.

Das Essen wollte ich am Lagerfeuer oder auf einem Campingkocher zubereiten – mit einfachsten Mitteln und ohne großes Zubehör. Aber ich wollte auch gutes Essen aus frischen Zutaten kochen und nicht nur Gefriergetrocknetes mit heißem Wasser übergießen.

Ich habe mich daher ausführlich mit Zutatenkombinationen und Techniken befasst, um Zeit und auch Gepäck zu sparen. Wenn man einiges bereits zu Hause vorbereitet, macht das die Sache einfacher. Gemüse schälen, putzen und zerkleinern, Fleisch und Fisch in Stücke schneiden und alles in kleinen Gläsern oder Gefrierbeuteln verpacken – das ist vor allem dann wichtig, wenn man während einer Mehrtagestour nur einen Campingkocher, einen Kochtopf und eine Bratpfanne dabeihat.

Nach einem langen Tag auf dem Rad – oder nach einer Wanderung – fühlt sich ein gutes Outdoor-Essen wie eine Belohnung an. Der Geruch und das Knistern des Lagerfeuers schüren die Erwartungen, und das Essen schmeckt noch besser, wenn man es mit Freunden genießt.

Die Mahlzeiten in diesem Buch sind nicht immer die traditionelle Kombi »Fleisch, Sauce und Kartoffeln«. Und ebenso wenig bestehen sie stets aus Vor-, Haupt- und Nachspeise. Dafür lassen sie sich leicht nach eigenem Gusto und je nach Situation anpassen.

Das Essen, das ich hier zubereite, ist einfach. Daher kann auch jeder die Rezepte umsetzen. Mein Buch soll dir als Inspirationsquelle und als Leitfaden für deine eigenen Outdoor-Abenteuer dienen.

Gutes Gelingen!
HENRIK ORRE Vélochef

GRAVELN & NACHHALTIGKEIT

APIDURA

Ich kann mir lebhaft vorstellen, wie sich Radfahrer zu Beginn des 20. Jahrhunderts gefühlt haben müssen, als sie erstmals auf Teerstraßen fuhren. Wie ein Traum muss es gewesen sein, endlich von dem unberechenbaren, unbequemen Schotter und den ständigen Reifenpannen erlöst zu sein und schneller, sicherer, leiser und mit mehr Freude fahren zu können. Auch heute noch ist der Asphalt der Traum für alle, die gern auf diesem Belag unterwegs sind. Allerdings hat die enorme Zunahme des Verkehrs viele Straßen in einen Albtraum für Radfahrer verwandelt. Deshalb bevorzugen viele Biker heute unbefestigte Nebenstraßen, auf denen sie sich sicher fühlen und sich ganz auf das konzentrieren können, was sie am liebsten tun: die Zeit im Sattel genießen.

Wie andere Radsportarten hat auch der Straßenradsport in letzter Zeit eine enorme Entwicklung durchgemacht, sowohl, was das Material angeht, als auch, was die Technologie betrifft. Das ermöglicht es Radbegeisterten, schneller zu fahren und neue Herausforderungen zu meistern. Die Kehrseite

»Viele Biker bevorzugen heute unbefestigte Nebenstraßen, auf denen sie sich sicher fühlen und sich ganz auf das konzentrieren können, was sie am liebsten tun: die Zeit im Sattel genießen.«

ist, dass diese zunehmende Abhängigkeit vom wissenschaftlichen Fortschritt, vor allem in den Bereichen Digitalisierung und Vernetzung, auch Stress erzeugen kann. Denn wer Lebensqualität nur anhand von messbaren Größen bestimmt, versäumt es womöglich, die »sanftere« Art des Radfahrens zu genießen.

Es ist nicht weiter verwunderlich, dass das zunehmende Interesse an Outdoor-Aktivitäten mit dem aktuellen Trend des Gravelbikens zusammenfällt. Viele Menschen wollen einfach mal raus aus ihrem Alltag, der alles andere als gesund für sie ist. Gerade bei Aufenthalten in der Natur lässt sich unsere Batterie wieder mit wertvoller Energie aufladen. Und seien wir mal ehrlich: Gibt es etwas Schöneres, als sich ausschließlich mit eigener Muskelkraft fortzubewegen?

Für mich bedeutet Gravelbiken Genuss pur. Natürlich dürfen auch Gravelbiker schnell fahren oder sich extrem anstrengen, aber das Wichtigste ist und bleibt, jeden gefahrenen Meter so intensiv wie möglich zu genießen. Und das, ohne sich vom Verkehr stören zu lassen oder sich in technischen Details zu verlieren.

Allein in Schweden warten über 20 000 Kilometer Schotterstraßen auf dich und dein Gravelbike. Wer sich erst einmal auf dieses große Vergnügen eingelassen hat, der wird bald mehr wollen. Dann ist die nächste Stufe eine mehrtägige Reise mit Fahrrad und Gepäck. Und wer schließlich zu einem überzeugten Bikepacker avanciert, der kann sich immer auf etwas ganz Besonderes freuen.

Alle, die der Radsportwelt intensiv verbunden sind, haben miterlebt, dass der Graveltrend viele kleine Hersteller hervorgebracht hat. Bereits länger bestehenden Marken und kleinen Garagenunternehmen wurde neues Leben eingehaucht. Als die gesamte europäische Fahrradproduktion für den Massenmarkt größtenteils nach Asien abgewandert ist, hat die Branche viel von ihrer Einzigartigkeit verloren und einige kleine Fahrradhersteller mussten aufgeben. Fortan ging es nicht mehr um Individualität und Handwerkskunst, sondern es zählten nur noch der niedrigste Preis und eine Produktion, bei der das größte Unterscheidungsmerkmal der Fahrräder die Farbe und die Aufkleber waren. Leicht zu verstehen, aber schwer zu akzeptieren.

KLEINE MARKEN schaffen es nicht, ihre Produkte als die preisgünstigsten oder die besten anzupreisen. Aufgrund der handwerklichen Fertigung und begrenzter Kapazitäten können sie kaum mit der Hochleistungsindustrie und den billigen Arbeitskräften in Asien konkurrieren.

Dennoch haben sie bei jenen Verbrauchern einen Markt gefunden, denen handwerkliche Herstellung

»Natürlich dürfen auch Gravelbiker schnell fahren oder sich extrem anstrengen, aber das Wichtigste ist und bleibt, jeden gefahrenen Meter so intensiv wie möglich zu genießen, ohne sich vom Verkehr stören zu lassen oder sich in technischen Details zu verlieren.«

und Individualität wichtig sind, vielleicht sogar am wichtigsten. Bei denen es auch nicht darum geht, sich jede Saison ein neues Bike zuzulegen. Im Gegenteil: Der oder die typische Kund*in kleiner Marken hat sich schon lange nach seinem oder ihrem Traumrad gesehnt und setzt auf eine langfristige Beziehung.

Zahlreiche Hersteller sprechen zwar von Nachhaltigkeit, aber bei vielen sagt dieser Begriff leider nichts darüber aus, wie lange ihr Produkt tatsächlich hält. Er besagt lediglich, dass es unter einigermaßen anständigen Bedingungen hergestellt wurde. Das Neueste vom Neuen zu besitzen, ist für manche Menschen wichtig, um ihren Status in verschiedenen gesellschaftlichen Kontexten zu sichern. In der Welt des traditionellen Radsports ist das nicht anders.

Allerdings scheint das Gravelbiking da einen anderen Schwerpunkt zu setzen, bei dem es eher darum geht, Produkte von kleinen, vorzugsweise lokalen Herstellern über längere Zeit zu nutzen. Ich hoffe, dass dieser Trend auch anhält. Denn wenn unsere Gesellschaft eine Zukunft haben will, müssen wir nicht nur kleiner, sondern auch lokaler und langfristiger denken, und zwar gleichzeitig. Mit anderen Worten gesagt: Nachhaltigkeit in Reinkultur leben.

ANDREAS DANIELSSON hat die überwiegende Zeit seines Berufslebens im Radsport verbracht. Nachdem er 1998 seine aktive Laufbahn als Radsportler beendet hatte, arbeitete er zunächst als Funktionär des nationalen Radsportverbandes, als Trainer für das schwedische Olympische Komitee und später dann als Chefredakteur der Zeitschrift *Bicycling*. Andreas liebt jede Art des Radabenteuers und stürzt sich auch immer gern in unbekanntes Terrain.

velochef

PAS NORMAL
STUDIOS

WAS IST EIN GRAVELBIKE?

Gängige Rennräder sind selten mit Reifen ausgestattet, die breiter als 28 Millimeter sind. Ein Gravelbike ähnelt in vielerlei Hinsicht einem Rennrad, hat jedoch breitere Reifen und ist dadurch bequemer. Manche sind mit Halterungen für Schutzbleche und Gepäckträger ausgestattet, um die Mitnahme von Ausrüstung zu erleichtern, und heißen dann Trekkingräder. Bei der Geometrie dieser Räder steht nicht Geschwindigkeit im Vordergrund, sondern Komfort.

crema

MEIN VORRAT

Hier findest du eine Liste mit Dingen, die ich immer auf Radreisen mitnehme. Für das Kochen im Freien braucht man eine solide Grundausstattung. Darüber hinaus sollte man Gewürze, Öle und andere Würzmittel einpacken. Und Praktisches wie Spülmittel für Tassen und Pfannen nicht vergessen.

50 REZEPTE

FÜR UNTERWEGS & DAS BASISLAGER

23 Rezepte für den Campingkocher unterwegs

23 Rezepte für das Kochen im Basislager

4 Rezepte für den besten Kaffee unterwegs

8
9
7
1
PRIMUS
PRIMUS
PRIMUS

UTENSILIEN UNTERWEGS

Wenn man unterwegs ist, spielt die Ausrüstung eine große Rolle. Pack nicht zu viele Dinge ein und achte darauf, dass das Ganze nicht zu schwer wird. Ich nehme zum Beispiel keinen Teller mit, sondern esse gleich aus Topf oder Pfanne.

1. Campingkocher + Gaskartusche
2. Kleiner Kochtopf
3. Windschutz für den Kocher
4. Reibe
5. Spatel
6. Feuerzeug
7. Bratpfanne
8. Taschenmesser mit Dosenöffner
9. Göffel – Kombi aus Löffel und Gabel
10. Mein Vorrat

HEIDELBEER-PORRIDGE

2 PORTIONEN

---

125 g Haferflocken

2 EL Milchpulver

1 TL Salz

1 EL brauner Zucker

3 EL gefriergetrocknete Heidelbeeren

400–500 ml Wasser

frische Heidelbeeren zum Garnieren (optional)

1 wiederverschließbarer Gefrierbeutel (1 l)

1. Haferflocken, Milchpulver, Salz, Zucker und die gefriergetrockneten Heidelbeeren in den wiederverschließbaren Gefrierbeutel geben und vermischen.
2. Den Beutelinhalt in einen kleinen Topf schütten und das Wasser zugießen.
3. Porridge 4–5 Minuten köcheln lassen.
4. Mit frischen Heidelbeeren garniert genießen.

CHILI CON BOHNEN UND FLADENBROT

2 PORTIONEN

1 Zwiebel
½ EL gehackte rote Zwiebel
2 EL gehackte Frühlingszwiebeln
1 Knoblauchzehe
½ rote Chilischote
1 Karotte
Olivenöl zum Braten
1 Glas stückige Tomaten (ca. 300 g)
2 EL rauchige Grillsauce
Schale von ½ unbehandelten Orange
150 g rote Bohnen aus der Dose
150 g schwarze Bohnen aus der Dose
2 Avocados
Saft von 1 unbehandelten Limette
200 g Sauerrahm
4 Scheiben Fladenbrot
Salz und schwarzer Pfeffer

1. Alle Zwiebeln, Knoblauch, Chili und Karotte separat zerkleinern. Rote Zwiebel und Frühlingszwiebel beiseitestellen.
2. Das restliche klein geschnittene Gemüse kurz in einem Topf mit Olivenöl braten.
3. Stückige Tomaten, Grillsauce und Orangenschale hinzugeben und alles ca. 15 Minuten köcheln lassen.
4. Die Bohnen zufügen und mit Salz und Pfeffer würzen.
5. Die Avocados längs halbieren, entsteinen und schälen. Das Fruchtfleisch zerkleinern, mit Limettensaft beträufeln und salzen.
6. Die angebratene Gemüsemischung mit den Avocadostücken und dem Sauerrahm mittig auf den Fladen verteilen. Mit der beiseitegelegten Zwiebel bestreuen.
7. Die Fladen aufrollen und genießen!

Tipp

Fladenbrot zum Aufrollen ist ideal für unterwegs, da es sich gut hält.

GEMÜSESUPPE MIT WEIZENKÖRNERN UND PANCETTA

2 PORTIONEN

---

2 Karotten

2 Pastinaken

2 Stangen Sellerie

2 Zwiebeln

200 g Pancetta

Olivenöl zum Braten

65 g Weizenkörner (ungekocht)

1 Lorbeerblatt

2 Thymianzweige

1 Würfel Gemüsebrühe

ca. 1 ½ l Wasser

100 g weiße Bohnen aus der Dose

2 EL gehackte Petersilie zum Garnieren

Salz und schwarzer Pfeffer

1. Karotten, Pastinaken und Sellerie klein würfeln.
2. Die Zwiebeln ebenfalls würfeln.
3. Pancetta in Scheiben schneiden.
4. Zwiebeln und Pancetta in einem Topf mit Olivenöl kurz braten. Das restliche Gemüse, Weizenkörner, Lorbeerblatt, Thymian, Gemüsebrühewürfel und Wasser hinzugeben.
5. Suppe 15–20 Minuten köcheln lassen.
6. Bohnen untermischen und Suppe mit Salz und Pfeffer abschmecken. Mit Petersilie garniert genießen.

Tipp

Für eine vegetarische Suppe Pancetta weglassen. Die Suppe macht trotzdem satt.

Golden Saddle
CYCLERY

PRIMUS
PRIMUS
PRIMUS
PRIMUS

KARAMELLISIERTE ANANAS

2 PORTIONEN

½ Vanilleschote

1 frische Ananas

Butter zum Braten

2–3 EL Rohrohrzucker

100 g Naturjoghurt

2 EL flüssiger Honig

1. Die Vanilleschote längs aufschlitzen und das Mark herauskratzen. Beiseitestellen.
2. Die Ananas schälen und in Würfel schneiden. Die Würfel in der Pfanne in etwas Butter braun braten.
3. Ananas mit Zucker bestreuen und weiter braten, bis der Zucker karamellisiert ist.
4. Joghurt mit Vanillemark und Honig vermischen.
5. Die Ananaswürfel sofort mit dem Joghurt beträufelt genießen.

Tipp

Richtig leckere vegetarische Burger. Bereite die Mischung für die Pattys zu Hause zu und nimm sie in einem wiederverschließbaren Gefrierbeutel in deiner Fahrradtasche mit. Die Mischung hält sich gut und muss nicht gekühlt werden. Den Avocado-Belag bereitest du zu, während die Pattys in der Pfanne braten. Vergiss nicht, fertige Buns einzupacken.

KICHERERBSENBURGER MIT AVOCADO

2 PORTIONEN

1 Karotte

1 EL gehackte Petersilie

400 g Kichererbsen aus der Dose

2 EL Maismehl

1 Schalotte

1 EL Sojasauce

Saft von 1 Zitrone

2 EL Olivenöl

Salz und schwarzer Pfeffer

Olivenöl zum Braten

2 Hamburger-Buns

Parmesan zum Bestreuen

1 wiederverschließbarer Gefrierbeutel (3 l)

FÜR DAS AVOCADO-TOPPING

2 Avocados

Saft von 1 Limette

½ rote Zwiebel, gewürfelt

Tabasco

Salz und schwarzer Pfeffer

1. **ZU HAUSE:** Die Karotte reiben.
2. Alle Zutaten für die Pattys in einer Küchenmaschine zu einer groben Masse mixen.
3. Die Masse in den Gefrierbeutel füllen und vor dem Verstauen in der Tasche mindestens 1 Stunde ruhen lassen.

1. **VOR ORT:** Aus der Masse 2 gleich große Pattys formen und diese in der Pfanne in etwas Olivenöl von jeder Seite 4–5 Minuten braten, bis sie goldbraun sind.
2. Die Buns horizontal halbieren und mit den Schnittflächen nach unten in der Pfanne anrösten. Warm schmeckt Brot einfach besser.
3. Die Bun-Unterseiten zuerst mit Avocado-Topping bestreichen und darauf jeweils 1 Patty legen. Die Bun-Oberseiten aufsetzen und Burger mit geriebenem Parmesan bestreut genießen.

AVOCADO-TOPPING

1. Die Avocados längs halbieren, entsteinen und schälen.
2. Das Fruchtfleisch zerdrücken und mit Limettensaft beträufeln.
3. Zwiebel mit dem Avocadomus vermischen.
4. Mit Tabasco, Salz und Pfeffer abschmecken.

CROÛTONS MIT PARMESAN UND TOMATEN

2 PORTIONEN

---

300 g Brot ohne Rinde (am besten ein paar Tage alt)

100 ml Olivenöl

50 g Parmesan zzgl. etwas zum Bestreuen

2 Knoblauchzehen

150 g Cocktailtomaten

2 EL Balsamicoessig

Salz und schwarzer Pfeffer

1. Das Brot in kleine Stücke zerpflücken.
2. Die Brotstücke leicht mit Olivenöl beträufeln und mit geriebenem Parmesan bestreuen.
3. Die Pfanne erhitzen, etwas Olivenöl hineingeben und Knoblauch hineinpressen. Der Knoblauch aromatisiert das Öl und das Knoblauchöl wiederum das Brot.
4. Die Brotwürfel zugeben und goldbraun rösten.
5. Die Tomaten halbieren und in einer Mischung aus Olivenöl, Balsamicoessig, Salz und Pfeffer wenden.
6. Die Croûtons zum Tomatensalat geben, mit Parmesanspänen bestreuen und genießen.

Tipp

Dieses einfache Gericht schmeckt toll. Am besten genießt man es mit einem kühlen Bier. So wird Brot vom Vortag richtig lecker!

HÄHNCHEN MIT GRÜNEM CURRY UND KOKOSMILCH

2 PORTIONEN

---

300 g Hähnchenoberschenkel
2 Karotten
½ Brokkoli
4 Pilze
Olivenöl zum Braten
1 Dose Kokosmilch
1–2 TL grüne Currypaste
2 EL Frühlingszwiebelringe
2 EL gehackter Koriander
Saft von 1 Limette
2 EL Sojasauce
Salz

1. **ZU HAUSE:** Die Hähnchenoberschenkel in Stücke schneiden.
2. Die Karotten in Scheiben schneiden. Den Brokkoli in Röschen teilen und die Pilze vierteln.

1. **VOR ORT:** Hähnchen mit dem vorbereiteten Gemüse und etwas Olivenöl in den Topf geben und braten. Kokosmilch und Currypaste hinzugeben und alles ca. 5 Minuten kochen.
2. Frühlingszwiebeln und Koriander untermischen und kurz mitkochen.
3. Mit Limettensaft, Sojasauce und Salz abschmecken.
4. Eventuell mit Basmatireis genießen.

Tipp

Dieses Gericht ist unterwegs noch schneller fertig, wenn man alle Zutaten schon zu Hause mischt.

Volym c:a 8dl

LAMMWURST MIT KARTOFFELBREI

2 PORTIONEN

10–12 Schalotten

3–4 frische Lammwürste (je nach Größe)

Olivenöl zum Braten

1 EL körniger Senf

FÜR DEN KARTOFFELBREI

300 g Mandelkartoffeln, geschält

100 g Sahne

100 ml Milch

1 EL Butter

2 EL Frühlingszwiebelringe zum Garnieren

Salz und schwarzer Pfeffer

1. Die Schalotten halbieren. Die Würste mit Olivenöl in die Pfanne geben und die Schalottenhälften mit den Schnittflächen nach unten danebensetzen. Bei geringer Hitze 8–10 Minuten braten. Die Würste nach der Hälfte der Bratzeit einmal wenden.
2. Die Kartoffeln in einem Topf mit Wasser kochen, bis sie weich sind, dann Wasser abgießen.
3. Sahne, Milch und Butter hinzugeben, Kartoffeln zerdrücken und alles unter Rühren zu einem Kartoffelbrei verarbeiten.
4. Mit Salz und Pfeffer abschmecken.
5. Etwas Senf auf die Würstchen geben und den Kartoffelbrei mit Frühlingszwiebelringen bestreuen.

LIMONCELLO

CA. 500 ML

Schale und Saft von 5 unbehandelten Zitronen

350 ml Wodka

175 g Zucker

150 g Agavensirup

1. Die Zitronen abbrausen und die Schale mit einem Sparschäler dünn abschälen. Möglichst keine weiße Haut mitabschälen, da das Getränk sonst bitter werden kann.
2. Zitronen auspressen.
3. Wodka, Zitronenschale und -saft, Zucker und Agavensirup miteinander vermischen. Das Getränk in ein Glas mit Deckel füllen und 5–6 Tage in den Kühlschrank stellen.
4. Limoncello durch ein Sieb abseihen; Fruchtfleisch und Schale wegwerfen.
5. Den Limoncello gut gekühlt genießen.

Tipp

Du kannst den Limoncello ein paar Tage vor der Reise zubereiten. Dank des Alkohols verdirbt er nicht so leicht.

GRIESSBREI MIT BROMBEERKONFITÜRE

2 PORTIONEN

FÜR DIE KONFITÜRE

200 g TK-Brombeeren

100 g Zucker

FÜR DEN GRIESSBREI

40 g Grieß

400 ml Mandeldrink

2 EL Rosinen

2 EL Agavensirup

2 EL Zucker

1 Prise Zimt zum Garnieren

1. **ZU HAUSE:** Die Brombeeren mit dem Zucker so lange in einem Topf kochen, bis die Flüssigkeit verdampft ist und die Mischung langsam fest wird. Die Konfitüre in ein sauberes Glas füllen, den Deckel gut verschließen und das Glas mitnehmen.

1. **VOR ORT:** Grieß, Mandeldrink, Rosinen, Agavensirup und Zucker in einen Topf geben und 5 Minuten kochen.
2. Grießbrei warm mit etwas Brombeerkonfitüre garniert und mit Zimt bestreut genießen.

HAGEBUTTENSUPPE MIT ROSINEN UND KARDAMOM

2 PORTIONEN

---

50 g Hagebuttenpulver

1 EL Kartoffelmehl

600 ml kaltes Wasser

90 g Zucker

2 EL Rosinen

2 EL Honig

Schale und Saft von ½ unbehandelten Orange

1 TL gemahlener Kardamom zzgl. etwas zum Garnieren

100 g Sahne

1. Das Hagebuttenpulver mit dem Kartoffelmehl und Wasser verrühren.
2. Zucker, Rosinen, Honig, Orangensaft und Kardamom zugeben und gut vermischen.
3. Die Sahne leicht steif schlagen bzw. schütteln.
4. Die Suppe in Tassen gießen, Sahne darüberlöffeln, mit Orangenschale garnieren und mit Kardamom bestreuen.

BROT-BURGER MIT SPIEGELEI

2 PORTIONEN

Olivenöl zum Braten zzgl. etwas für das Hackfleisch

300 g Rinderhackfleisch

1 Zwiebel

4 Scheiben Frühstücksspeck

2 Scheiben Sauerteigbrot

2 Eier

Frühlingszwiebelringe zum Garnieren

Schnittlauchröllchen zum Garnieren

Salz und schwarzer Pfeffer

1. Salz, Pfeffer, etwas Olivenöl und ein paar Tropfen Wasser mit dem Hackfleisch vermischen. Aus der Mischung 2 Pattys formen und diese ca. 5 Minuten pro Seite in der Pfanne braten.
2. Währenddessen Zwiebel in Ringe schneiden.
3. Den Frühstücksspeck in Stücke schneiden und in der Pfanne knusprig braten. Beiseitelegen.
4. Die Zwiebelringe mit etwas Olivenöl in die Pfanne geben und goldbraun braten. Mit Salz und Pfeffer würzen. Beiseitelegen.
5. Die Brotscheiben in der Pfanne rösten und herausnehmen. Olivenöl in die Pfanne geben und aus den Eiern Spiegeleier braten.
6. Die Brotscheiben jeweils mit 1 Patty belegen, dann jeweils etwas Speck und Zwiebelringe darauf verteilen und schließlich 1 Spiegelei aufsetzen. Die Burger mit Frühlingszwiebel, Schnittlauch und restlichem Frühstücksspeck garniert genießen.

PANCAKES MIT ERDBEERKONFITÜRE UND CRÈME FRAÎCHE

4–5 PANCAKES

---

200 ml Milch
200 g Weizenmehl
1 TL Salz
2 Eier
Butter zum Braten
Crème fraîche zum Garnieren

FÜR DIE ERDBEERKONFITÜRE
30 g gefriergetrocknete Erdbeeren
3–4 EL Wasser
2 EL brauner Zucker

Tipp

Mit gefriergetrockneten Erdbeeren, Zucker und Wasser gelingt im Handumdrehen eine köstliche Konfitüre.

1. **ZU HAUSE:** Milch, Weizenmehl und Salz vermischen.
2. Die Eier hinzugeben und alles gut vermengen.
3. Den Teig ca. 30 Minuten ruhen lassen. Noch etwas Milch hinzufügen, sollte der Teig zu dick geworden sein. Teig in eine saubere Wasserflasche füllen.

1. **VOR ORT:** Aus dem Teig in einer Pfanne mit Butter nacheinander bei mittlerer Hitze 4–5 Pancakes backen.
2. Mit Erdbeerkonfitüre und Crème fraîche genießen.

ERDBEERKONFITÜRE

1. Die Erdbeeren behutsam mit etwas Wasser beträufeln und warten, bis sie das Wasser aufgenommen haben.
2. Braunen Zucker nach Belieben hinzugeben.

PARMESAN-MAKKARONI MIT KNUSPRIGEM FRÜHSTÜCKSSPECK

2 PORTIONEN

---

150 g Speckwürfel

Olivenöl zum Braten

300 g Sahne

200 g Makkaroni

50 g geriebener Parmesan

1 Knoblauchzehe, gerieben

Schale von 1 unbehandelten Zitrone

2 EL Schnittlauchröllchen zum Garnieren

Salz und schwarzer Pfeffer

1. Den Speck in einer Pfanne mit Olivenöl knusprig braten. Dann auf einem Stück Küchenrolle abtropfen lassen.
2. Die Sahne in einem Topf zum Kochen bringen und auf die Hälfte einkochen.
3. Makkaroni in einem Topf nach Packungsangabe bissfest garen. Abgießen.
4. Den geriebenen Parmesan, Knoblauch und Zitronenschale mit der Sahne vermischen.
5. Makkaroni unterheben und mit Salz und Pfeffer abschmecken.
6. Mit Speckwürfeln und Schnittlauchröllchen garniert genießen.

KING
SES
EASTON

PESTO

1 BEUTEL (CA. 300 ML)

---

1 großes Glas getrocknetes Basilikum
50 g Pinienkerne, geröstet
1 Knoblauchzehe
50 g geriebener Parmesan
ca. 200 ml Olivenöl
Salz und schwarzer Pfeffer
Nudeln (am besten Spaghetti)
1 wiederverschließbarer Beutel (1 l)

1. **ZU HAUSE:** Alle Zutaten für das Pesto in eine Küchenmaschine geben und zu einer geschmeidigen Masse verarbeiten.
2. Mit Salz und Pfeffer abschmecken. Das Pesto in einen wiederverschließbaren Gefrierbeutel oder ein Glas mit Deckel füllen und mitnehmen.

1. **VOR ORT:** Die Nudeln in einem Topf nach Packungsangabe bissfest kochen. Abgießen und noch warm mit dem Pesto vermischen.

PROTEIN-PORRIDGE MIT HÜTTENKÄSE

2 PORTIONEN

---

100 g Haferflocken

400–500 ml Wasser

2 EL Milchpulver

1 TL gemahlener Zimt

2–3 EL Hüttenkäse

1 Banane

2 EL Nuss-Mischung (z. B. Rosinen, Kokosflocken, Haselnüsse, Cranberrys)

flüssiger Honig

Salz

1. Haferflocken, Wasser, Milchpulver, Zimt und Salz in den Topf geben, zum Kochen bringen und ca. 3–4 Minuten kochen.
2. Danach den Hüttenkäse mit dem Porridge vermischen.
3. Die Banane in kleine Stücke schneiden und unterheben.
4. Porridge mit Nuss-Mischung bestreuen und mit etwas Honig beträufeln.

Tipp

Hüttenkäse ist sehr proteinreich und daher ideal für unterwegs.

REISRIEGEL MIT MILCH-KARAMELL

CA. 25 RIEGEL

---

1 Dose Kondensmilch oder Dulce de Leche

500 g Risottoreis (Arborio)

800 ml Wasser

1 EL Kokosöl

200 g Karamellkekse (Speculoos oder Biscoff)

2 EL Erdbeerkonfitüre

200 g Frischkäse

75 g Agavensirup

50 g Kakao-Nibs

1 wiederverschließbarer Gefrierbeutel (3 l)

Alufolie

Tipp

»Speculoos« ist ein Karamellkeks aus Belgien und unter Profiradsportlern sehr beliebt.

1. **ZU HAUSE:** Kondensmilch in der Dose in einem Topf mit Wasser 3 Stunden kochen. Wichtig: Die Dose muss die ganze Zeit vollständig mit Wasser bedeckt sein, sonst besteht Explosionsgefahr. Anschließend die Dose in kaltem Wasser vollständig abkühlen lassen. Diesen Schritt einige Zeit im Voraus ausführen oder stattdessen Dulce de Leche kaufen.
2. Den Reis in einem Topf mit Wasser und Kokosöl kochen, bis er das Wasser vollständig aufgenommen hat. Es ist wichtig, dass der Reis am Ende trocken ist, sodass er die Flüssigkeit, die noch hinzugegeben wird, aufnimmt.
3. Die Kekse zerbröseln und die Brösel mit der Konfitüre und dem Frischkäse vermischen.
4. Den Agavensirup hinzugeben.
5. Den Reis mit der Keksmischung zu einem glatten Teig mixen und diesen in den Gefrierbeutel füllen. Den Beutel über Nacht in den Kühlschrank legen.
6. Den harten Reiskuchen in Stücke beliebiger Größe schneiden. Auf die Stücke jeweils 1 Klecks Milchkaramell geben und mit Kakao-Nibs bestreuen.
7. Die Riegel einzeln in Alufolie verpacken und für unterwegs mitnehmen.

RISONI MIT FRISCHER SALSICCIA

2 PORTIONEN

- 1 Schalotte
- Olivenöl zum Braten
- 100 g Risoni-Nudeln
- 400–500 ml Wasser
- 1 Würfel Hühnerbrühe
- 50 g geriebener Parmesan zzgl. etwas zum Garnieren
- 1 EL Butter
- Saft von 1 Zitrone
- 200 g frische Salsiccia (ohne Haut)
- 2 EL Frühlingszwiebelringe zum Garnieren
- Salz und schwarzer Pfeffer

1. Die Schalotte würfeln und in einem Topf mit Olivenöl anbraten.
2. Dann erst die Nudeln und danach das Wasser behutsam hinzugeben. Auch den Brühwürfel hineinbröckeln und alles aufkochen.
3. Die Nudeln in 10–11 Minuten gar kochen.
4. Parmesan und Butter unterrühren. Mit Salz, Pfeffer und Zitronensaft abschmecken.
5. Das Wurstfleisch in kleine Stücke schneiden und diese in einer Pfanne knusprig braten. Die Wurststückchen auf den Nudeln verteilen. Mit Frühlingszwiebelringen und Parmesan bestreuen.

Tipp

Risoni sind italienische Nudeln, die wie Reiskörner aussehen. Sie werden genauso zubereitet wie Risottoreis, ergeben aber ein leichteres Essen.

APIDURA

SCONES MIT BRAUNKÄSE

5–6 SCONES

---

175 g Weizenmehl

70 g Haferflocken

2 TL Backpulver

2 TL brauner Zucker

2 EL Milchpulver

50 g Butter

100–200 ml Wasser

1 Braunkäse

1 wiederverschließbarer Gefrierbeutel (1 l)

1. Weizenmehl, Haferflocken, Backpulver, Zucker, Milchpulver und Butter in einer Schüssel vermischen.
2. Die Mischung in den Gefrierbeutel füllen und gründlich durchkneten.
3. Immer wieder etwas Wasser zugeben, bis der Teig so geschmeidig ist, dass man ihn mit der Hand formen kann, er aber nicht klebt.
4. Den Teig in 5 bis 6 gleich große Stücke teilen und Scones daraus formen.
5. Die Scones in einer Pfanne ohne Fett bei geringer Hitze 5–6 Minuten je Seite backen, dabei den Deckel auflegen.
6. Die Scones sofort mit ein paar Scheiben Braunkäse belegen und warm genießen.

Tipp

Der aus Norwegen stammende Braunkäse wird aus Kuh- und Ziegenmolke hergestellt. Geschmack und Farbe erhält er durch langsames Kochen der Molke, bis der Zucker karamellisiert.

SCONES

PRIMUS
PRIMUS

PRIMUS

PILZRISOTTO MIT FICHTENSPITZEN

2 PORTIONEN

---

50 g getrocknete Pfifferlinge (oder frische Pfifferlinge)

2 Schalotten

Olivenöl zum Braten

400–500 ml Wasser

1 Würfel Hühnerbrühe

100 g Risottoreis (Arborio)

1 EL Butter

50 g geriebener Parmesan

frische Fichtenspitzen

Salz und schwarzer Pfeffer

1. Die Pilze 15–20 Minuten in Wasser einweichen.
2. Dann das Wasser abgießen und die Flüssigkeit sanft aus den Pilzen herausdrücken.
3. Die Schalotten würfeln und die Pilze klein schneiden. Dann beide in einem Topf mit Olivenöl kurz braten.
4. Wasser hinzugeben und den Brühwürfel hineinbröckeln.
5. Den Reis einrühren und kochen, bis er weich ist.
6. Butter und Parmesan unterrühren. Mit Salz und Pfeffer abschmecken.
7. Risotto mit den frisch gepflückten Fichtenspitzen bestreuen.

Tipp

Im Mai/Juni bilden Fichten neue Triebe aus. Diese Spitzen sind zart und schmecken sauer – die Zitrone des Waldes!

TOMATENSUPPE MIT MAKKARONI

2 PORTIONEN

---

1 Zwiebel
2 Knoblauchzehen
Olivenöl zum Braten
1 Glas stückige Tomaten (ca. 300 g)
300 ml Wasser
½ Würfel Hühnerbrühe
Makkaroni nach Belieben
1 EL Sojasauce
Tabasco
Salz und schwarzer Pfeffer

1. Die Zwiebel klein würfeln. Den Knoblauch fein reiben.
2. Zwiebel und Knoblauch in einem Topf mit Olivenöl dünsten.
3. Die stückigen Tomaten mit dem Wasser und dem Brühwürfel hinzugeben und 5–10 Minuten köcheln lassen.
4. Währenddessen die Makkaroni in einem Topf nach Packungsangabe bissfest kochen.
5. Suppe mit Sojasauce, Tabasco, Salz und Pfeffer abschmecken.
6. Die Suppe mit den gekochten Makkaroni servieren.

PRIMUS
PRIMUS
PRIMUS
POWER GAS

Tipp

Eine winzige Prise Salzflocken genügt, um sämtliche Aromen richtig zur Geltung zu bringen.

HEISSER KAKAO MIT ORANGE

2-3 TASSEN

---

100 g Milchschokolade

2 EL Kakao

3 EL Milchpulver

2 EL Rohrohrzucker

500 ml Wasser

Schale von 1 unbehandelten Orange

Salzflocken

1. Schokolade in Stücke brechen und beiseitestellen.
2. Kakao in einem Topf mit Milchpulver und Zucker vermischen.
3. Wasser und Orangenschale hinzugeben und zum Kochen bringen.
4. Hitze reduzieren, die Schokoladenstücke zufügen und unter ständigem Rühren schmelzen.
5. Mit 1 Prise Salzflocken abschmecken.

RÜHREI MIT RÄUCHERLACHS

2 PORTIONEN

---

6 Eier

Olivenöl zum Braten

1 EL Crème fraîche

100 g Räucherlachs

1 EL getrockneter Schnittlauch zum Garnieren

Salz und schwarzer Pfeffer

1 wiederverschließbarer Gefrierbeutel (1 l)

1. **ZU HAUSE:** Die Eier in eine Schüssel aufschlagen und verquirlen. Die verquirlten Eier in den Gefrierbeutel füllen und mitnehmen.

1. **VOR ORT:** Aus den Eiern in einer Pfanne mit Olivenöl unter ständigem Rühren Rührei braten.
2. Die Crème fraîche hinzugeben und Rührei mit Salz und Pfeffer abschmecken.
3. Räucherlachs in Streifen schneiden und Rührei damit belegen.
4. Mit Schnittlauch bestreut genießen.

Tipp

Räucherlachs ist ideal für eine Radreise, da er sich besser hält als frischer Lachs und gut in die Radtaschen passt.

TRIGGER
PRO

UTENSILIEN; BASISLAGER

Wenn du mit dem Auto zum Basislager fährst, kannst du mehr Küchenutensilien und zusätzliches Geschirr mitnehmen.

1. Tragbarer Grill mit Rost
2. Bratpfanne
3. Küchenutensilien: Spatel und Löffel
4. Töpfe, mindestens 2
5. Becher
6. Teller und Besteck
7. Brennholz und Axt
8. Kaffeekanne/-filter
9. Räucherbox & Streichhölzer
10. Ein gutes Messer zum Schneiden und Schnitzen
11. Mein Vorrat

10
9
Abu Garcia
Hjelpestikker
8
7
5
6

ASIATISCHE MIESMUSCHELN

2 PORTIONEN

---

1 rote Chilischote

50 g frischer Ingwer

2 Zitronengrasstängel

Olivenöl zum Braten

2 kg Miesmuscheln, gesäubert, gewaschen

500 ml Kokosmilch

1. Chili, Ingwer und Zitronengrasstängel grob zerschneiden.
2. In einem Topf mit Olivenöl kurz anbraten.
3. Erst die Miesmuscheln hinzugeben, als Nächstes die Kokosmilch zufügen.
4. Die Miesmuscheln kochen, bis sie sich öffnen, dann sind sie gar.

Tipp

Rechne mit etwa 1 kg Miesmuscheln pro Person.

PREME
Heineken
Heineken
Heineken
LAGER BEER
Heineken

BRATWÜRSTE MIT LINGUINE

2 PORTIONEN

---

4 scharfe Bratwürste (oder andere Wurst nach Wahl)

Olivenöl zum Braten

4–5 Knoblauchzehen

2 Rosmarinzweige

150 g Linguine

½ rote Chilischote

50 g geriebener Parmesan

1 EL gehackte Petersilie zum Garnieren

Salz und schwarzer Pfeffer

1. Die Würste in einer Pfanne mit Olivenöl rundum braun braten. Zum Aromatisieren während des Bratens 2 aufgeschnittene Knoblauchzehen und die Rosmarinzweige hinzugeben.
2. Die Linguine in einem Topf mit Salzwasser in 10–11 Minuten bissfest garen.
3. Währenddessen Chilischote in Ringe und den restlichen Knoblauch in Scheiben schneiden und in einer Pfanne in etwas Olivenöl kurz braten.
4. Das Nudelwasser abgießen. Die Nudeln zu den Chiliringen und Knoblauchscheiben in der Pfanne geben und alles gut verrühren. Mit Salz und Pfeffer abschmecken.
5. Mit frisch geriebenem Parmesan bestreuen und mit Petersilie garnieren.
6. Die Würstchen mit den Nudeln servieren.

OPINEL
INOX

FOLIENKARTOFFELN AUS DER GLUT

2 PORTIONEN

Olivenöl

300–400 g kleine Kartoffeln

4–5 Scheiben luftgetrockneter Schinken (Parma oder Serrano)

100 g Crème fraîche

2 EL Frühlingszwiebelringe

Salz und schwarzer Pfeffer

Alufolie

1. Olivenöl, Salz und Pfeffer vermischen und die Kartoffeln darin wenden.
2. Die Kartoffeln einzeln doppelt mit Alufolie umwickeln, anschließend in die Glut legen und 25–30 Minuten (je nach Größe der Kartoffeln) rösten.
3. Mit einem dünnen Zweig oder einer Gabel durch die Folie hindurch in die Kartoffeln piksen, um zu sehen, ob sie weich sind.
4. Die Alufolie öffnen und die Kartoffeln leicht mit einer Gabel zerdrücken.
5. Schinken in Stücke reißen und mit ein paar Klecksen Crème fraîche auf den Kartoffeln verteilen.
6. Mit Frühlingszwiebelringen bestreuen, mit etwas Olivenöl beträufeln und in der Folie servieren.

LACHS VOM GRILL

4–5 PORTIONEN

Olivenöl
1 Lachsseite mit Haut
Salz und schwarzer Pfeffer
Alufolie

FÜR DIE GEWÜRZMISCHUNG
1 EL Fenchelsamen
1 EL Koriandersamen
1 EL Senfkörner

1. **ZU HAUSE:** Die Gewürzmischung erst in einem Mörser oder mit einer Gewürzmühle mahlen und dann in einer Pfanne rösten.
2. Die Gewürzmischung in ein sauberes Glas füllen und mitnehmen.

1. **VOR ORT:** Ein Stück Alufolie auf den Grill legen und mit Olivenöl beträufeln.
2. Die Lachsseite mit der Haut nach unten auf die Folie legen.
3. Die Fleischseite mit Olivenöl bestreichen und mit Salz, Pfeffer und der Gewürzmischung bestreuen.
4. Den Lachs über der Glut (das Feuer darf nicht lodern) 25–30 Minuten grillen.
5. Der Lachs schmeckt gut, wenn er medium gegart, also innen noch weich ist.
6. Den Lachs mit frisch gekochten Salzkartoffeln und Salat servieren.

FALKSALT

RÖSTGEMÜSE

2 PORTIONEN

---

2 Lauchstangen

2 rote Zwiebeln

Olivenöl

1 EL gehackte Petersilie

Salz und schwarzer Pfeffer

1. Die Lauchstangen und die Zwiebeln auf einem sehr heißen Grill so lange grillen, bis die äußere Hautschicht schwarz und trocken ist.
2. Gemüse zum Rand schieben, wo weniger Hitze herrscht, und ca. 10 Minuten garen.
3. Gemüse vom Grill nehmen und einen Moment auf einem Schneidebrett o. Ä. ruhen lassen.
4. Die Zwiebeln halbieren, die Lauchstangen aufschneiden und jeweils den weichen »Kern« entnehmen und in Stücke schneiden.
5. Gemüsestücke mit Olivenöl beträufeln, mit Petersilie bestreuen und mit Salz und Pfeffer würzen.

Tipp

Während des Grillens entweicht aus den ungeschälten Zwiebeln die Flüssigkeit und das Innere schmeckt dann wunderbar süß. Köstlich zu gegrilltem Fleisch und Fisch.

GEGRILLTE MAISKOLBEN

2 PORTIONEN

2 frische Maiskolben mit Blättern
1 EL gehackter Thymian
100 g Butter
1 Knoblauchzehe
Salz und schwarzer Pfeffer
Spieße für die Maiskolben

1. Die Maiskolben mit der Blätterhülle 20 Minuten in kaltem Wasser einweichen.
2. Währenddessen den Thymian mit Butter und fein geriebenem Knoblauch vermischen. Mit Salz und Pfeffer abschmecken.
3. Die Maiskolben abtropfen lassen und in der Blätterhülle 10–15 Minuten grillen, bis die Körner weich sind. Faustregel: Die Körner sind weich, wenn die Blätter fast schwarz sind.
4. Die Blätter entfernen und die Maiskolben noch kurz angrillen, bis sie goldbraun sind.
5. Die Maiskolben mit der Thymianbutter bestreichen und sofort genießen. Zum einfacheren Essen auf Spieße stecken.

GEGRILLTE NEKTARINEN MIT KARAMELLSAUCE UND HASELNÜSSEN

2 PORTIONEN

1 Dose Kondensmilch oder Dulce de Leche
1 EL Haselnüsse zum Garnieren
weiße Schokolade zum Garnieren
2 Nektarinen

1. **ZU HAUSE:** Die Karamellsauce zu Hause zubereiten. Dazu die Dose Kondensmilch 3 Stunden in einem Topf mit Wasser kochen. Wichtig: Die Dose muss die ganze Zeit vollständig mit Wasser bedeckt sein, sonst besteht Explosionsgefahr. Anschließend die Dose in kaltem Wasser vollständig abkühlen lassen. Oder stattdessen eine Dose Dulce de Leche kaufen.

1. **VOR ORT:** Haselnüsse und Schokolade zerkleinern und beiseitestellen.
2. Die Nektarinen halbieren und entsteinen.
3. Die Nektarinen mit der Schnittfläche nach unten grillen, bis sie schön gebräunt sind.
4. Die Nektarinen wenden und die Karamellsauce in die Mulden gießen. Mit Haselnuss- und Schokoladestückchen bestreuen.
5. Die Nektarinen noch ein paar Minuten auf dem Grill lassen, bis Sauce und Schokolade anfangen zu schmelzen.

Tipp

Nektarinen schmecken gegrillt großartig, denn die Hitze verstärkt ihr Aroma.

FISKARS X10
Rapha

KOLBULLE MIT CRANBERRYS

2 PORTIONEN

300 ml Wasser

½ TL Salz

150 g Weizenmehl

150 g Frühstücksspeck

Olivenöl zum Braten

FÜR DIE KONFITÜRE

50 g TK-Cranberrys oder TK-Preiselbeeren

50 g Zucker

1. **ZU HAUSE:** Wasser, Salz und Weizenmehl zu einem Teig vermischen und diesen in eine saubere Flasche füllen.
2. Die Cranberrys mit dem Zucker verrühren und in ein sauberes Glas geben.
3. Die Flasche und das Glas mitnehmen.

1. **VOR ORT:** Den Speck bei starker Hitze in einer Pfanne ohne Fettzugabe knusprig braten.
2. Bei Bedarf etwas Olivenöl in die Pfanne geben, dann den Teig über den Speck gießen. Der Pfannkuchen wird etwa 1–2 cm dick.
3. Den Pfannkuchen 2–3 Minuten pro Seite backen.
4. Den Kolbulle mit den gesüßten Cranberrys belegen und sofort aus der Pfanne genießen.

Tipp

Die schwedischen Pfannkuchen Kolbulle sind sehr nahrhaft und waren daher früher beliebt bei Holzfällern, Köhlern, Bauarbeitern und anderen Arbeitern, die wenig Geld hatten.

WÜRZIGE HÄHNCHENOBERSCHENKEL MIT BULGUR

2 PORTIONEN

---

1 TL gemahlener Kreuzkümmel

1 TL gemahlener Koriander

½ TL Cayennepfeffer

2 Knoblauchzehen

100 ml Pflanzenöl

300 g Hähnchenoberschenkel

4 Holzspieße

FÜR DEN BULGUR

100 g Bulgur

50 g Rosinen

50 g gehackte gemischte Nüsse (Haselnüsse, Paranüsse, Walnüsse)

2 EL gehackte Petersilie

2 EL Frühlingszwiebelringe

Saft von 1 Zitrone

Olivenöl

100 g Naturjoghurt zum Garnieren

1 TL Harissa (Chilipaste) zum Garnieren

Salz und schwarzer Pfeffer

1. Den Bulgur nach Packungsangabe kochen.
2. Währenddessen die Gewürze mit dem fein geriebenen Knoblauch und Pflanzenöl zu einer Marinade vermischen.
3. Das Hähnchenfleisch in gleich große Stücke schneiden und diese in der Marinade wenden.
4. Die Stücke auf die Holzpieße stecken und 10–15 Minuten auf dem Grill braten.
5. Den Bulgur mit Rosinen, Nüssen, Petersilie und Frühlingszwiebelringen vermischen.
6. Mit Zitronensaft, Olivenöl, Salz und Pfeffer abschmecken.
7. Joghurt und Harissa vermischen und Kleckse auf die fertigen Spieße geben. Spieße mit dem Bulgur genießen.

HÄHNCHEN-RAMEN

2 PORTIONEN

---

1 rote Chilischote
20 g (2 cm) Ingwer
1 Zitronengrasstängel
2 Knoblauchzehen
2 Karotten
1 Bund Frühlingszwiebeln
Olivenöl zum Braten
2 Hähnchenoberschenkel
10 g getrocknete Steinpilze
1 l Wasser
1 Tüte Eiernudeln
150 g Shiitake (japanische Pilze)
2 EL Sojasauce
Salz

1. Chili, Ingwer, Zitronengras und Knoblauch zerkleinern.
2. Karotten und Frühlingszwiebeln klein schneiden und beiseitestellen.
3. Chili, Ingwer, Zitronengras und Knoblauch mit etwas Olivenöl in einen Topf geben und kurz anbraten.
4. Hähnchenoberschenkel in Stücke schneiden und mit Karotten, Steinpilzen und Wasser hinzufügen und 30 Minuten köcheln lassen.
5. Die Nudeln, Shiitake und Frühlingszwiebeln zugeben und alles 4–5 Minuten weiterköcheln lassen.
6. Mit Sojasauce und Salz abschmecken.

Tipp

Das Geheimnis von guten Ramen ist die Brühe. Und die lässt sich leicht über einem offenen Feuer herstellen.

SHIMANO

LOCK

HÄHNCHENSCHMORTOPF MIT WEISSEN BOHNEN

2 PORTIONEN

---

1 Zwiebel

2 Karotten

1 Knoblauchzehe

100 g kleine Waldchampignons

300 g Hähnchenoberschenkel

Olivenöl zum Braten

1 EL Tomatenmark

300 g Crème fraîche

100 ml Wasser

150 g weiße Bohnen aus der Dose

2 EL Frühlingszwiebelringe zum Garnieren

1 EL gehackte Petersilie zum Garnieren

Salz und schwarzer Pfeffer

1. Zwiebel und Karotten in Scheiben schneiden.
2. Den Knoblauch fein reiben.
3. Die Pilze klein schneiden.
4. Hähnchenfleisch in Stücke schneiden und mit Zwiebel, Karotten, Knoblauch und Pilzen in einer Pfanne mit etwas Olivenöl braten.
5. Tomatenmark, Crème fraîche und Wasser zugeben. Die Bohnen untermischen und alles 10–15 Minuten kochen.
6. Mit Salz und Pfeffer abschmecken.
7. Mit Frühlingszwiebelringen und Petersilie garniert servieren.

LAMMHACKSPIESSE MIT CHILIS UND MINZJOGHURT

2 PORTIONEN

---

300 g Lammhackfleisch

1 Ei

1 Knoblauchzehe

½ TL Chilipulver

1 EL gehackte Petersilie

200 g Pimiento de Padrón (grüne Chilischoten)

Olivenöl zum Braten

Salz und schwarzer Pfeffer

Spieße

FÜR DEN MINZJOGHURT

1 EL gehackte Minze

1 EL Olivenöl

Schale von 1 unbehandelten Zitrone

200 g Naturjoghurt

Salz und schwarzer Pfeffer

1. **ZU HAUSE:** Die Hackfleischmischung zu Hause zubereiten. Dazu das Hackfleisch mit Ei, fein geriebenem Knoblauch, Chilipulver und Petersilie vermischen und mit Salz und Pfeffer abschmecken.
2. Die Mischung zu zylinderförmigen Pattys formen und diese in einer Frischhaltedose mit Deckel mitnehmen.

1. **VOR ORT:** Die Pattys auf die Spieße stecken und über starker Hitze 5–10 Minuten grillen.
2. Die grünen Chilis mit Olivenöl beträufeln, auf den Grill legen und 2–3 Minuten pro Seite grillen. Mit Salz würzen.
3. Minze, Olivenöl und fein geriebene Zitronenschale mit dem Joghurt vermischen. Mit Salz und Pfeffer abschmecken.

Tipp

Ein einfacher, aber leckerer Lagerfeuer-Snack.

POFFERTJES

CA. 20 STÜCK

1 Dose Kondensmilch oder Dulce de Leche
150 g Butter
125 g Zucker
200 ml Milch
20 g Frischhefe
1 Ei
300 g Weizenmehl
½ TL gemahlener Kardamom
Butter zum Braten
Zucker zum Garnieren
Zimt zum Garnieren

Tipp

Für dieses Rezept benötigst du eine Poffertjes-pfanne.

1. **ZU HAUSE:** Die Dose Kondensmilch 3 Stunden in einem Topf mit Wasser kochen. Wichtig: Die Dose muss die ganze Zeit vollständig mit Wasser bedeckt sein, sonst besteht Explosionsgefahr. Anschließend die Dose in kaltem Wasser vollständig abkühlen lassen. Oder stattdessen eine Dose Dulce de Leche kaufen.
2. Die Butter in einem Topf zerlassen. Zucker und Milch hinzugeben und das Ganze auf ca. 37 °C erwärmen.
3. Die Hefe hineinbröckeln und unter Rühren auflösen.
4. Ei, Mehl und Kardamom untermischen.
5. Den Teig mindestens 1 Stunde zugedeckt gehen lassen oder in einem sauberen Glas mit Plastikdeckel gehen lassen und mitnehmen.

1. **VOR ORT:** Die Poffertjespfanne gründlich vorheizen. In jede Mulde etwas Butter geben und dann etwas Teig hineinlöffeln.
2. Die Poffertjes mit einer Gabel wenden und von beiden Seiten goldbraun backen.
3. Die heißen Poffertjes in einer Zucker-Zimt-Mischung wenden, mit Karamellsauce garnieren und sofort genießen.

RAPHA

SES
EASTON

STOCKBROT

8–10 BROTE

---

250 ml kaltes Wasser (für langsame Kaltgärung)

1 TL Salz

1 EL Sesam

½ TL Trockenhefe

200–250 g Weizenmehl

50 g Weizenvollkornmehl

2 EL Pflanzenöl

Olivenöl

Salzflocken zum Garnieren

Sesam zum Garnieren

1 wiederverschließbarer Gefrierbeutel (3 l)

1 Küchenpinsel

Tipp

Kein Küchenpinsel zur Hand? Ein Tannen- oder Fichtenzweig tut es auch.

1. **ZU HAUSE:** Wasser mit Salz, Sesam und Hefe vermischen.
2. Das Mehl unterrühren. Der Teig darf nicht zu klebrig sein, da er sich dann schlecht grillen lässt.
3. Den Teig mit dem Pflanzenöl in einen wiederverschließbaren Gefrierbeutel geben – dann bleibt der Teig beim Herausholen nicht an den Fingern kleben.
4. Den Teig im Beutel während der Fahrt zum Basislager gehen lassen.

1. **VOR ORT:** Den Teig in Portionen aufteilen und diese um Stöcke wickeln, die du in der Natur findest.
2. Das Brot langsam und unter regelmäßigem Drehen der Stöcke über dem Feuer backen.
3. Das fast fertig gegarte Brot mithilfe eines Küchenpinsels mit Olivenöl bestreichen und mit Salzflocken und Sesam bestreuen.

BREAD

GEGRILLTES POPCORN

2 PORTIONEN

140 g Popcorn-Mais

1 EL Olivenöl

Salz

2 Siebe

1. Die Maiskörner mit dem Olivenöl vermischen und in eines der beiden Siebe geben.
2. Das andere Sieb wie einen Deckel daraufsetzen und das Ganze auf das Feuer stellen.
3. Die aufgepoppten Maiskörner mit etwas Salz bestreuen.

Tipp

Das Popcorn wird aromatischer, wenn man zwei Siebe statt eines Topfes verwendet. So bekommen die Körner ein leichtes Raucharoma.

A SHIP FULL OF
BRUTAL BREWING
IPA

PORTOBELLOS MIT GRANATAPFEL UND FETA

2 PORTIONEN

---

4 Portobellos (Riesenchampignons)

100 ml Olivenöl zum Braten zzgl. etwas zum Beträufeln

½ Granatapfel

2 EL Frühlingszwiebelringe

100 g Feta

Salz und schwarzer Pfeffer

Alufolie

1. Die Pilzköpfe mit einem scharfen Messer kreuzweise einritzen.
2. Olivenöl in eine Pfanne geben und die Pilze darin scharf anbraten.
3. Mit Salz und Pfeffer bestreuen.
4. Die Pfanne mit Alufolie zudecken und die Pilze 15–20 Minuten bei mittlerer bis starker Hitze schmoren.
5. Währenddessen mit einem Löffel die Kerne aus dem Granatapfel lösen und beiseitestellen.
6. Die Frühlingszwiebel vorbereiten.
7. Die Pilze aus der Pfanne nehmen, in Scheiben schneiden und diese wieder in die Pfanne legen.
8. Mit dem zerbröckelten Feta, den Granatapfelkernen und Frühlingszwiebelringen bestreuen.
9. Mit Olivenöl beträufeln.

Tipp

Lecker als Vorspeise, aber auch als Beilage oder Snack.

Rapha

GEBACKENER KABELJAU MIT KICHERERBSEN UND GRÜNKOHL

2 PORTIONEN

350–400 g Kabeljaufilet, ohne Haut

2 EL Salzflocken

Olivenöl zum Braten

1 rote Zwiebel

100 g Grünkohl

200 g Kichererbsen aus der Dose

1 EL Butter

Salz und schwarzer Pfeffer

1. Das Kabeljaufilet mit Salzflocken bestreuen und ca. 20 Minuten ruhen lassen. Danach abbrausen und mit Küchenpapier trocken tupfen.
2. Das Filet in einer Pfanne mit etwas Olivenöl 4–5 Minuten je Seite braten. Den Fisch herausnehmen.
3. Die rote Zwiebel würfeln und den Grünkohl zerkleinern. Die Kichererbsen mit etwas Olivenöl in die Pfanne geben und kurz braten. Zwiebel und Grünkohl zufügen.
4. Butter einrühren und alles mit Salz und Pfeffer abschmecken.
5. Den Fisch entlang der Fasern in Stücke zerteilen und die Stücke auf das Gemüsebett setzen. Den Fisch sofort aus der Pfanne genießen.

GERÖSTETES BROT MIT PILZEN

2 PORTIONEN

300–400 g gemischte Pilze (Pfifferlinge, Champignons, Austernpilze)

Olivenöl

2 Scheiben Sauerteigbrot

Parmesan zum Garnieren

1 EL gehackte Petersilie zum Garnieren

Salz und schwarzer Pfeffer

1 Sieb

1. Die Pilze abspülen, trocken tupfen und in gleich große Stücke schneiden.
2. Die Pilze mit ein paar Esslöffeln Olivenöl vermischen und mit Salz und Pfeffer würzen.
3. Die Pilze in das Sieb geben und das Sieb auf den Grillrost stellen; das Sieb zwischendurch schütteln. Pilze enthalten sehr viel Wasser und sind somit ideal zum Grillen. Die Pilze sind gar, sobald sie goldbraun sind.
4. Die Brotscheiben auf beiden Seiten mit Olivenöl beträufeln und auf dem Grill goldbraun rösten.
5. Jede Brotscheibe großzügig mit Pilzen belegen und mit frisch geriebenem Parmesan bestreuen. Mit gehackter Petersilie garniert servieren.

Tipp

In der Pilzsaison mit frisch gesammelten Wildpilzen ergänzen.

BRATSÜSSKARTOFFELN MIT SALSA UND FETA

2 PORTIONEN

---

2 Süßkartoffeln
4 Eiertomaten
½ rote Zwiebel
½ grüne Chilischote
Saft von 1 Limette
Olivenöl
1 EL gehackter Koriander
50 g Feta zum Garnieren
Salz und schwarzer Pfeffer
Alufolie

1. Die Kartoffeln in Alufolie wickeln, in die Glut legen und 35–40 Minuten garen.
2. Die Tomaten vierteln und mit einem Löffel entkernen. Die Viertel in dünne Scheiben schneiden.
3. Die rote Zwiebel klein würfeln und die Chili hacken.
4. Die Salsa zubereiten: Limettensaft mit etwas Olivenöl, gehacktem Koriander, Zwiebel, Tomaten und Chili vermischen. Mit Salz und Pfeffer abschmecken.
5. Die Kartoffeln längs einschneiden und mit einem Löffel etwas aushöhlen. Die Salsa in die Kuhlen füllen. Die Kartoffeln mit zerbröckeltem Feta bestreuen.

Tipp

Fetter Fisch, vor allem Lachs, ist ideal für das Heißräuchern.

GERÄUCHERTER WACHOLDERLACHS MIT TSATSIKI

2 PORTIONEN

500 g frisches Lachsfilet
100 g Salz
40 g Zucker
10 g zerdrückte Wacholderbeeren
Wasser zum Abbrausen
Räucherbox
Räucherchips
Wacholderzweige
Kräuter nach Belieben
Reibe

FÜR DAS TSATSIKI
1 Salatgurke
1 Knoblauchzehe
1 EL Olivenöl
200 g griechischer Joghurt
Salz und schwarzer Pfeffer

1. Das Lachsfilet mit Salz, Zucker und zerdrückten Wacholderbeeren einreiben und 30 Minuten ruhen lassen.
2. Danach Salz und Zucker mit Wasser abwaschen.
3. Die Räucherbox vorbereiten. Dazu Räucherchips, Wacholderzweige und Kräuterzweige hineinfüllen. Die Räucherbox auf den Grill stellen und mit geschlossenem Deckel vorheizen.
4. Sobald die Räucherbox heiß ist und zu rauchen anfängt, den Fisch hineinlegen und den Deckel schließen.
5. Den Fisch 15–20 Minuten räuchern.
6. Währenddessen die Salatgurke mit der Schale raspeln. Mit etwas Salz bestreuen und das Wasser vorsichtig herauspressen.
7. Den Knoblauch fein reiben und mit Olivenöl und Joghurt vermischen. Dann die Gurkenraspel unterheben und alles mit Salz und Pfeffer abschmecken.
8. Wenn gewünscht, mit Kartoffelsalat servieren.

GERÄUCHERTE HÜHNERBRUST MIT GEBACKENEM SPITZKOHL

2 PORTIONEN

---

2 Hühnerbrüste

Olivenöl

½ Spitzkohl

2 EL Butter

3 Karotten

geriebener Parmesan

Salz und schwarzer Pfeffer

Räucherbox

Räucherchips

Wacholderzweige

Thymian- und Rosmarinzweige

Küchenpinsel (oder ein Tannen- bzw. Fichtenzweig)

Alufolie

Tipp

Die Räucherbox bekommst du in Outdoor-Läden.

1. Die Räucherbox vorbereiten. Dazu Räucherchips, Wacholderzweige und Kräuterzweige hineinfüllen. Die Räucherbox auf den Grill stellen und mit geschlossenem Deckel vorheizen.
2. Die Hühnerbrüste mit Salz und Pfeffer bestreuen und mit Olivenöl bestreichen. Die Hühnerbrüste in die heiße Räucherbox legen, sobald diese zu rauchen anfängt, und den Deckel wieder auflegen.
3. Die Hühnerbrüste ca. 10 Minuten räuchern. Anschließend auf den Grillrost legen und über dem offenen Feuer fertig grillen.
4. Den Spitzkohl mit Salz und Pfeffer bestreuen und die Butter daraufgeben. Dann den Kohl in Alufolie einschlagen, auf den Rost legen und garen, bis er weich ist (mit einem Zweig oder dünnen Stock hineinstechen).
5. Die Karotten mit Öl bestreichen und mit Salz bestreuen. Die Karotten auf dem Rost über dem offenen Feuer garen, bis sie weich sind. Die leicht verkohlte Oberfläche einfach gut abreiben.
6. Karotten, Kohl und Hühnerbrüste auf einem Teller anrichten und mit etwas geriebenem Parmesan bestreuen.

WAFFELN MIT SAHNE UND HIMBEEREN

CA. 10 WAFFELN

---

100 g Butter
250 g Weizenmehl
75 g Zucker
2 Eier
1 TL gemahlener Kardamom
1 TL gemahlener Zimt
500 ml Milch
50 ml Wasser
Butter zum Braten
200 g Sahne zum Garnieren
Frische Himbeeren zum Garnieren
Waffeleisen
Shaker für die Sahne

1. **ZU HAUSE:** Die Butter zerlassen.
2. Mit den restlichen Zutaten für den Teig vermischen.
3. Den Teig in eine saubere Flasche füllen und vor Verwendung mindestens 1 Stunde ruhen lassen.

1. **VOR ORT:** Das Waffeleisen mit Butter bestreichen und aus dem Teig Waffeln backen.
2. Die Sahne mithilfe des Shakers steif schütteln. Die Waffeln mit Sahne und frischen Himbeeren garniert servieren.

Tipp × 2

Waffeleisen nicht vergessen!

Die Waffeln kannst du auch auf Grill oder Campingkocher zubereiten.

APFELKUCHEN

1 KUCHEN, CA. 8 STÜCKE

FÜR DEN TEIG

50 g Butter

50 g Zucker

2 Eier

200 g Weizenmehl

1 TL Backpulver

1 TL gemahlener Zimt

½ TL Salz

Schale von 1 unbehandelten Zitrone

Spritzbeutel

Alufolie

FÜR DIE FÜLLUNG

2 rotschalige Äpfel

50 g Butter

brauner Zucker

1. **ZU HAUSE:** Die Butter in einem Topf zerlassen und abkühlen lassen.
2. Zucker und Eier mit dem Handrührgerät verquirlen.
3. Weizenmehl, Backpulver, Zimt, Salz und fein abgeriebene Zitronenschale hinzugeben und gut vermengen.
4. Die flüssige Butter zufügen und gut untermischen. Den Teig in einen Spritzbeutel füllen und mitnehmen.

1. **VOR ORT:** Die Äpfel schälen und in dünne Scheiben schneiden.
2. Eine beschichtete Pfanne gut mit Butter einfetten und diese mit braunem Zucker bestreuen.
3. Die gezuckerte Butterschicht mit den Apfelscheiben belegen. Dann den Teig aufspritzen. Form mit Alufolie bedecken.
4. Den Kuchen 30–40 Minuten bei mittlerer Hitze über dem Feuer backen.

Rapha.

25 TIPPS

FÜR ABENTEURER

Eine Radtour ist nur so gut wie der schwächste Moment. Hier folgen 25 ultimative Tipps für eine angenehme und sichere Fahrt im Sattel.

01. REIFEN UNTERWEGS REPARIEREN

Im schlimmsten Fall reißt eine Glasscherbe oder ein spitzer Stein ein so großes Loch in den Mantel, dass der Schlauch hervorqillt, was eine Reparatur schwierig macht. Aber keine Sorge: Ein echter Radfahrer hat immer etwas Geld für einen Kaffee dabei. Das Papier eines Geldscheins ist so reißfest, dass man es zwischen Mantel und Schlauch schieben kann, um die Schadstelle zu überdecken.

04. DER RETTENDE STOCK

Wenn das Schaltkabel reißt, ist ein Gangwechsel nahezu unmöglich. In dem Fall kann dir ein entsprechend dicker Stock helfen: Drücke ihn in das Schaltparallelogramm des Schaltwerks, um den gewünschten Gang in der richtigen Position zu fixieren. So bekommst du ein Singlespeedgetriebe mit einer Übersetzung, die dich durch den Tag rettet.

02. SUCHE UND DU WIRST FINDEN

Es gibt viele Situationen, in denen ein modernes Navigationssystem unschlagbar ist. Zumindest, wenn man es eilig hat und den kürzesten Weg zwischen zwei Punkten sucht. Dennoch sollte man die altbewährte Landkarte nicht unterschätzen, um die schönste Route zu finden. Und wer den besten Ort für einen Kaffee sucht, sollte am besten einen Einheimischen fragen. Sogar ein traditioneller Kompass kann nützlich sein, wenn man sich hoffnungslos verirrt hat.

03. ENERGIENACHSCHUB NICHT VERGESSEN

Es ist nicht lustig, wenn einem fernab der Zivilisation die Energie ausgeht. Deshalb sollte man neben etwas Bargeld immer auch einen ausreichenden Vorrat an Energielieferanten dabeihaben, um zu vermeiden, dass man zusammenbricht.

05. ÜBERLEBEN ...

Wird eine Radtour viel länger als geplant, kann das, was als Herausforderung begann, schnell zu einem Abenteuer werden. Ehe man sichs versieht, befindet man sich in einer heiklen Lage. Sind die Essensvorräte alle und du hast keinen Netzempfang, geht es um das nackte Überleben. Dann bleibt nur eins: das Handy opfern. Geschickte Hände machen aus den Teilen eine Reihe verschiedener Überlebenstools. So lässt sich die Leiterplatte zu einer Pfeilspitze feilen, um ein Tier zu erlegen. Aus kleineren Metallteilen kannst du Angelhaken biegen. Und den Bildschirm kannst du zum Reflektieren von Sonnenstrahlen oder als Brennglas nutzen, um Feuer zu machen. Handwerklich Geschickte können mit der Batterie einen Kurzschluss erzeugen, um ein Feuer zu entfachen. Oder verwandeln den Lautsprechermagneten in einen Kompass.

06. GERADE BIEGEN

Manchmal ist das Laufrad nach einem Aufprall oder einem Unfall so stark verbogen, dass man keine Chance hat, mit einem Speichenschlüssel die Felge gerade auszurichten. Da hilft nur eins: das ganze Körpergewicht auf das Rad werfen, um es in eine halbwegs brauchbare Form zu pressen. Mit dem richtigen Druck und der richtigen Technik lassen sich so durchaus gute Ergebnisse erzielen.

---

07. HELFERLEIN

Zu Hause würde man niemals etwas anderes als echtes Werkzeug benutzen. Doch unterwegs ist die Verwendung von selbst gebastelten Alternativen zur Lösung eines Problems erlaubt, manchmal sogar unerlässlich. Deshalb empfiehlt sich, immer ein Multitool dabeizuhaben – es bietet einem allerlei Möglichkeiten.

08. MEHR GENUSS MIT DICKEREN REIFEN

Die einfachste und billigste Art, um mit einem schlechten Fahrbahnbelag klarzukommen, sind dickere Reifen. Je abenteuerlicher die Fahrt, desto mehr Volumen. Aber Achtung: Zwischen Reifen und Rahmen muss immer noch ein Spalt bleiben. Bevor du also große und dicke Reifen kaufst, solltest du die maximale Reifengröße kennen.

---

09. GUT ÜBERLEGEN

Solange man in Bewegung ist und passende Kleidung trägt, droht normalerweise keine Unterkühlung. Wenn das Wetter aber eher kühl ist und du eine längere Pause einlegen willst, ist ein zusätzliches langärmeliges Unterziehshirt sinnvoll. Schließlich schmeckt der Kaffee am besten, wenn du es selbst schön warm und trocken hast.

»So lässt sich die Leiterplatte zu einer Pfeilspitze feilen, um ein Tier zu erlegen.«

10. NIE OHNE WASSER

Zum Glück können Radfahrer in Skandinavien ihre Trinkflaschen an praktisch jeder Wasserstelle auffüllen. Für den Notfall. Wer aber eine mehrtagige Tour durch unbekanntes Terrain plant, tut gut daran, einen Wasserfilter mitzunehmen. So ist man auf der sicheren Seite.

11. OPTIMALE GEWICHTSVERTEILUNG

Egal, wie viel Ausrüstung man mitnimmt, die Grundregel lautet: das Gewicht so bodennah wie möglich halten. Liegt der Schwerpunkt zu hoch, fühlt sich das Rad wackelig an. Außerdem sollte man die Dinge, die man am häufigsten braucht, so verstauen, dass sie griffbereit sind. Das nennt man Organisation – extrem wichtig für Abenteurer!

---

12. BESSERE SICHTBARKEIT

Bei normalen Sichtverhältnissen und Tageslicht wird man normalerweise gut gesehen. In der Dämmerung kann es jedoch sein, dass Autofahrer einen übersehen, vor allem auf einer viel befahrenen Straße. Wer das Fahrrad oder die Ausrüstung nicht mit Reflektoren bestücken will, sollte dann eine reflektierende Warnweste tragen. Die nimmt im Gepäck kaum Platz ein, bringt aber in der Dunkelheit viel.

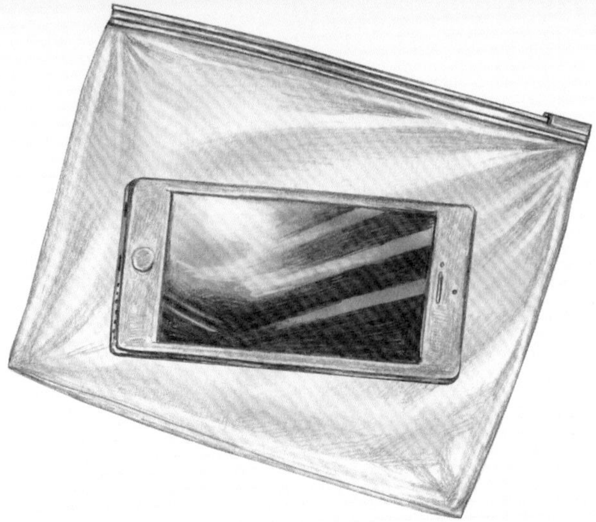

13. SO BLEIBT ALLES TROCKEN

Das Lager aufzuschlagen und trockene Kleidung anzuziehen, ist für den Abenteuerradler die reinste Wohltat. Eine Katastrophe hingegen ist es, wenn bei Regen die gesamte Ausrüstung nass geworden ist. Wer also auf Nummer sicher gehen will, sollte gute wasserdichte Fahrradtaschen wählen. Unbedingt beachten, dass das Wasser bei Regen nicht nur von oben, sondern auch von unten kommt.

14. EINE GUTE REGENJACKE IST WICHTIG

Eine gute Regenjacke schützt deinen Oberkörper vor Wind und Regen. Bei Wettkämpfen sollte die Kleidung immer eng anliegen, um den Luftwiderstand zu verringern. Wenn es jedoch nicht auf Geschwindigkeit ankommt oder man gerade irgendwo ruhig steht, empfiehlt sich eine Regenjacke, die einen mit einem wärmenden Luftpolster umgibt. Eine Kapuze ist für Abenteurer sehr praktisch, sie schützt bei schlechtem Wetter und wärmt auch bei einer Pause.

15. INFORMIERE DEINE LIEBSTEN (GROB) ÜBER DEINE PLÄNE

Wer eine mehrtägige Radreise plant, sollte seine Nächsten zumindest ungefähr über die Route informieren, die er fahren möchte. Sollte es zu einem Unfall kommen, weiß der Suchtrupp dann wenigstens, auf welches Gebiet er sich konzentrieren muss.

16. DER BESTE FREUND DES MENSCHEN

Selbst der abenteuerlustigste Radfahrer verlässt sich für den Notfall auf sein Handy. Deshalb ist es wichtig, dieses an einem sicheren Ort zu verstauen, sodass es nicht herunterfallen kann. Ebenso muss es vor Regen und etwaigen Aufprällen bei Stürzen geschützt sein. Wer mehrere Tage in einem Gebiet unterwegs ist, in dem kein Strom verfügbar ist, der ist mit einem Solar-Ladegerät oder einer Powerbank gut beraten.

17. DER ZWEITBESTE FREUND DES MENSCHEN

Gewebeband, Panzertape, Gafferband – wie auch immer man es nennen oder wofür man es verwenden will: Hochwertiges Klebeband kann sehr hilfreich sein, um einen schadhaften Reifen oder Helm, defekte Schuhschnallen oder einen undichten Regenmantel zu flicken. Auch ein paar Kabelbinder können in der Not Lebensretter sein.

»Hochwertiges Klebeband kann sehr hilfreich sein, um einen schadhaften Reifen zu flicken.«

18. IM NOTFALL

Wenn man bei einem schweren Unfall das Bewusstsein verliert, ist es wichtig, dass Menschen, die erste Hilfe leisten, schnell an Informationen über Angehörige, Blutgruppe und etwaige Allergien gelangen. Außerdem empfiehlt es sich, eine Trillerpfeife einzustecken. Die braucht wenig Platz, macht aber viel Lärm, um in Notsituationen auf sich aufmerksam zu machen. Oder auch um bei einer Reifenpanne Freunde zum Anhalten aufzufordern.

19. NICHT OHNE ZUBEHÖR

Bei jeder längeren Radtour solltest du unbedingt zumindest einen Ersatzschlauch, Flickzeug und wichtiges Werkzeug im Gepäck haben. Und eine gute Luftpumpe. Da Fahrräder oft mit unterschiedlichen Schrauben ausgestattet sind, ist es entscheidend, das Werkzeug und die Ersatzteile mitzuführen, die wirklich zu deinem Fahrrad passen. Während einer Mehrtagestour darf auch Kettenöl nicht fehlen. Eine quietschende Kette hört sich nicht so schön an wie Vogelgezwitscher.

20. VOR DER ABREISE

Ungeachtet der Länge der geplanten Tour empfiehlt es sich, das Fahrrad vor der Abfahrt noch einmal gut durchzuchecken. Sind die Reifen intakt? Ist der Antriebsstrang in Ordnung und sind alle Schrauben richtig angezogen? Am Fahrrad herumzubasteln, macht Spaß – zumindest zu Hause. Doch einmal im Sattel, will man sich auf das Fahren konzentrieren und nicht mit mechanischen Problemen herumschlagen. Dennoch sollte man als abenteuerlustiger Radfahrer wissen, wie man einen Platten oder eine defekte Kette repariert.

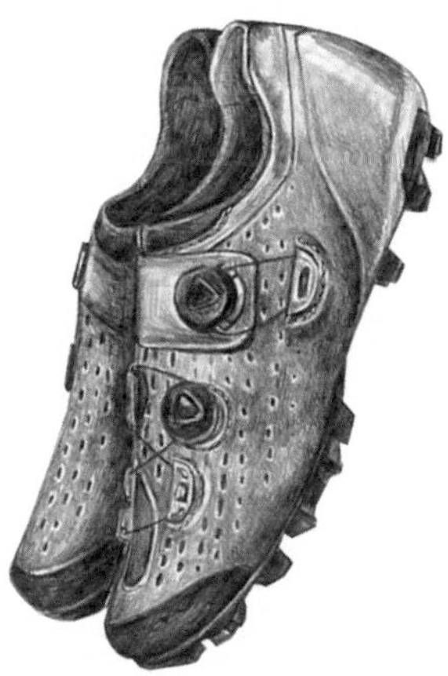

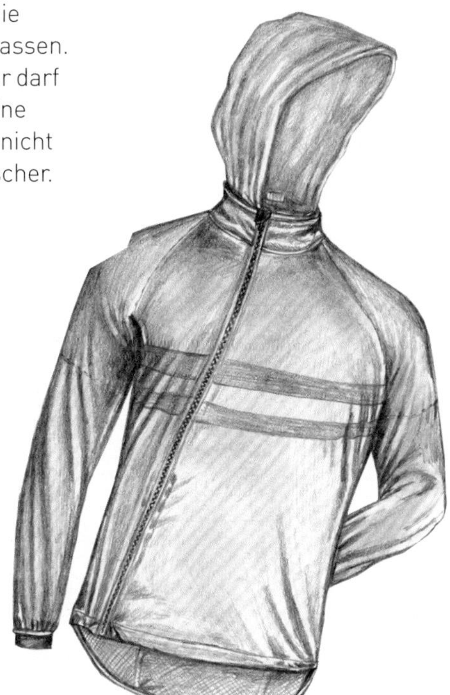

21. DAS RICHTIGE SCHUHWERK

Wähle Schuhe mit Sohlen, in denen es sich notfalls auch gut und problemlos gehen lässt. Für lange Touren sollte man eine Nummer größer nehmen als normal. Der Grund: Längeres Radfahren lässt die Füße anschwellen. Mit schmerzenden Füßen macht Radfahren aber keinen Spaß. Pack auch Überschuhe ein. Die brauchen nur wenig Platz im Gepäck, sind aber bei schlechtem Wetter ein Gewinn.

22. WAS HÖRST DU GERN?

Wer gern bei guter Musik oder einer Dokumentarsendung Fahrrad fährt, kann das durchaus machen. Doch auf einer viel befahrenen Straße sollte zumindest ein Ohr, am besten das linke, frei sein, um den von hinten kommenden Verkehr besser wahrzunehmen.

23. KÄLTE VERMEIDEN

Im Sommer ist Kälte kein Problem. Sobald die Temperatur aber unter null sinkt, kann es unangenehm werden. Deshalb empfiehlt es sich, für den ungeplanten Stopp aufgrund eines Unfalls oder einer Panne eine warme Weste oder Jacke dabeizuhaben. Moderne Thermokleidung nimmt im Verhältnis zu ihrem Nutzen nur wenig Platz ein.

24. BEQUEME HANDHALTUNG

In Wettkampfsituationen entscheiden sich die meisten Radfahrer für maximale Kontrolle statt für maximalen Komfort. Auf lange Sicht ist Bequemlichkeit jedoch wichtiger, daher ist es sinnvoll, am Lenker eine Haltung zu finden, die für die Hände so angenehm wie möglich ist. Handschuhe mit gepolsterten Handflächen oder extra dickes Lenkerband sind da einfache Hilfsmittel.

25. KOMFORTABLER SATTEL

Für Radfahrer ist der Sattel natürlich entscheidend, gerade wenn man länger unterwegs ist. Langstreckenradler bevorzugen im Allgemeinen flachere und etwas breitere Sättel. Für alle, die mit Rucksack fahren, ist es besonders wichtig, bequem zu sitzen, da der Rucksack das Gewicht, das auf den Sattel drückt, erhöht.

KAFFEE FÜR UNTERWEGS

KAFFEE ZUBEREITEN

In einem exklusiven Beitrag zu diesem Buch stellt Magnus Lindskog, Miteigentümer und Chefröster von Supreme Roastworks, einige seiner Methoden der Kaffeezubereitung vor. Außerdem gibt er ein paar Tipps für Kaffeekochen im Freien.

Für Magnus muss die Kaffeezubereitung während einer Radtour unkompliziert funktionieren. Eine kleine Kaffeemühle ist zwar von Vorteil, aber kein Muss, um magische Momente in der Natur zu erleben.

GEKOCHTER KAFFEE

Für die klassische und wahrscheinlich gängigste Methode der Kaffeezubereitung im Freien braucht man nur Feuer, Wasser und eine Kaffeekanne.

1 KAFFEEKANNE

---

1 l Wasser

65–70 g Kaffeepulver

1. Das Wasser bis kurz vor dem Siedepunkt erhitzen. Wenn das Wasser zu heiß ist, büßt der Kaffee an Aroma ein.
2. Das Wasser über grob gemahlenes Kaffeepulver gießen und den Kaffee ein paar Minuten stehen lassen. Dann die obere Schicht vorsichtig umrühren und den hellen, bitter schmeckenden Schaum entfernen.
3. Damit sich der Kaffeesatz absetzt, mit der Kanne leicht auf den Boden klopfen oder sie etwas schwenken. Ein kleiner Spritzer kaltes Wasser im Kaffee hat die gleiche Wirkung. Auf jeden Fall bleibt im gekochten Kaffee immer etwas Kaffeesatz zurück.

FILTERKAFFEE (V60)

Die V60-Methode funktioniert mit einem Filter, den es von verschiedenen Marken und in unterschiedlichen Ausführungen gibt. Das Prinzip ist aber immer dasselbe: In einen Filterbehälter wird ein Papierfilter eingesetzt, durch den das Wasser langsam in eine darunter befindliche Kanne läuft.

Der Vorteil dieser Methode ist, dass der Kaffee gefiltert ist und es keinen Kaffeesatz gibt.

2–3 TASSEN

---

500 ml Wasser

30–32 g Kaffeepulver

1. Ca. 200 ml heißes Wasser (ca. 90–95 °C) über das Kaffeepulver gießen und dieses gleichmäßig benetzen. Den Kaffee ruhen lassen, bis keine Bläschen mehr zu sehen sind; das dauert 30–40 Sekunden.
2. Im Kaffee befinden sich Gase, die erst entweichen sollten, bevor das restliche Wasser nachgegossen wird. Deshalb während 3 Minuten immer nur ein bisschen Wasser hinzugeben.

GEWÜRZTER KAFFEE

Wer seinen Kaffee auch unterwegs etwas verfeinern will, der findet hier einige Ideen, die sich gut zu Hause vorbereiten lassen. Die Basis ist stets ein guter Sirup, der mit verschiedenen Spirituosen und Früchten aromatisiert wird.

SIRUP

200 ml Wasser

200 g Zucker

1 Zimtstange

1 Sternanis

1. Das Wasser mit Zucker, Zimtstange und Sternanis in einem Topf zum Kochen bringen und zu Sirup einkochen.
2. Abkühlen lassen.
3. Der Sirup reicht für einige Tassen Kaffee und hält sich im Kühlschrank sehr lang.

BOURBONSIRUP

1 EL Sirup (s. Rezept oben)

3 EL Bourbon

1. Zu 200 ml frisch aufgebrühtem Kaffee hinzugeben.

PFLAUMEN-TEQUILA-SIRUP

10–12 rote Pflaumen

100 ml Sirup

400 ml Tequila

1 Glas mit gut verschließbarem Deckel

1. Die Pflaumen waschen, halbieren und entkernen. Dann in ein sauberes Glas füllen.
2. Den Sirup über die Pflaumen gießen.
3. Das Glas bis zum Rand mit Tequila auffüllen.
4. Glas 7–8 Wochen stehen lassen, damit die Flüssigkeit das Fruchtaroma aufnimmt.
5. Sirup abseihen und nach Belieben in den Kaffee geben.

REGISTER

DANKSAGUNG

Danke an **Hedda und Nomi, ihr seid mein Ein und Alles.**

An **Patrik Engström**, meinen guten Freund und Fotografen;

Charlotte Gawell, Verlegerin und Gründerin des Verlags Gawell Förlag;

Ann Pålsson und **Kai Ristilä**, Redakteurin und Grafiker;

Andreas Danielsson, für den Einleitungstext über Gravelbiken und die Tipps;

Christian Grahn und **Jonas Gustafsson** für die tolle Musik – DNF – für unseren Film;

Max Gawell, **André Garcia** und **Marcus Olivecrona**, für das Produzieren des Films;

Kurt Asle Arvesen, für das Zurverfügungstellen der Hütte in Erefsjord;

Lasse Andersen, Jonas Strömberg, An-Khang Vu, Christina Grahn, Kirsti Ruud und **Mari Skybak** – unsere Supermodels;

Apidura, Enve, Rapha, Oakley, Mercedes-Benz, Sweet Protection, Sorensen Sykler, Supreme Roastworks, Primus, Douchebags und Shimano – ohne eure Unterstützung hätten wir unsere Norwegenreise niemals machen können.

Die Originalausgabe erschien 2018 unter dem Titel »Outside is free – A Food and Cycle Adventure with Vélochef« bei Gawell Förlag, Sweden

Vélochef

Bibliografische Information der Deutschen Nationalbibliothek
Die Deutsche Nationalbibliothek verzeichnet diese Publikation in der Deutschen Nationalbibliografie; detaillierte bibliografische Daten sind im Internet über http://dnb.dnb.de abrufbar.

1. Auflage
ISBN 978-3-667-12768-6

Die Rechte für die deutsche Ausgabe liegen beim Delius Klasing Verlag GmbH, Bielefeld

Originalausgabe
Fotos S. 126/127 Max Gawell, Nachsatz André Garcia
Verlegerin: Charlotte Gawell
Lektorat: Ann Pålsson
Grafikdesign: Kai Ristilä
Illustrationen: Annelie Carlström/Agent Bauer, Shutterstock (Koch-Icons)

Bearbeitung der deutschen Ausgabe
Übersetzung: Gerrit J. ten Bloemendal, Türkheim
Lektorat und Satz: Edgar Endl für booklab GmbH, München
Einbandgestaltung: Felix Kempf, www.fx68.de

Gesamtherstellung: Print Consult, München
Printed in Slovakia 2023

Delius Klasing Verlag GmbH
Siekerwall 21
D - 33602 Bielefeld
Tel.: 0521/559-0, Fax: 0521/559-115
E-Mail: info@delius-klasing.de

www.delius-klasing.de

FSC www.fsc.org MIX Papier | Fördert gute Waldnutzung FSC® C084279

Velochef

chef
316 CDI